Les Poésies d'André Walter

André Gide

NRF, Paris, 1922

© 2023 SHS Editions
Le portail des sciences humaines et sociales
Illustration de couverture : © domaine public
Edition : SHS éditions (Hérault, 34)
Contact : infos@culturea.fr
Imprimé en Allemagne par Books on Demand
In de Tarpen 42, Norderstedt.
Design typographique : Derek Murphy
Layout : Reedsy (https://reedsy.com/)
ISBN : 9791041917792
Dépôt légal : Avril 2023
Tous droits réservés pour tous pays

ANDRÉ GIDE

LES POÉSIES D'ANDRÉ WALTER

avec un portrait
par
MARIE LAURENCIN

ÉDITIONS

de la **n**ouvelle **r**evue **f**rançaise

PARIS 3, rue de Grenelle 1922

LES POÉSIES D'ANDRÉ WALTER

I

Il n'y a pas eu de printemps cette année, ma chère ;
Pas de chants sous les fleurs et pas de fleurs légères,
Ni d'Avril, ni de rires et ni de métamorphoses ;
Nous n'aurons pas tressé de guirlandes de roses.

Nous étions penchés à la lueur des lampes
Encore, et sur tous nos bouquins de l'hiver
Quand nous a surpris un soleil de septembre
Rouge et peureux et comme une anémone de mer.

Tu m'as dit : « Tiens ! Voici l'Automne.
Est-ce que nous avons dormi ?
S'il nous faut vivre encore parmi
Ces in-folio, ça va devenir monotone.

Peut-être déjà qu'un printemps
A fui sans que nous l'ayons vu paraître ;
Pour que l'aurore nous parle à temps,
Ouvre les rideaux des fenêtres. »

Il pleuvait. Nous avons ranimé les lampes
Que ce soleil rouge avait fait pâlir
Et nous nous sommes replongés dans l'attente
Du clair printemps qui va venir.

II

Une lampe neuve remplace la vide ;
Une nuit succède à une autre nuit ;
Et l'on entend fuir dans la nuit, le bruit
Du sablier triste qui se vide.

Nous rapetassons de faux syllogismes
Et nous ergotons sur la Trinité,
Mais tout ça, ça manque un peu de lyrisme
Et nos lampes ne font pas beaucoup de clarté.

Pour quand nous avons trop mal à la tête
Au fond de la chambre basse on a mis
Parallèles deux étroites couchettes ;
Nous nous étendons puérils et soumis.

Nous récitons nos petites prières ;
Nous soufflons tous les flambeaux
Et se closent sur nos paupières
Les nuits étroites des tombeaux.

Mais devant nos prunelles hagardes
Un grand concept s'obstine à mourir
Et nous avons peur de nous endormir
Parce que l'un sent que l'autre le regarde.

III

Un soir nous avons levé la tête
De dessus nos graves bouquins.
Dans les pins soufflait un vent de tempête
Le clair de lune faisait comme un étrange matin.

Tu m'as dit : « C'est l'heure de nous mettre en route
Voilà assez longtemps que nous sommes enfermés.
Dehors le vent bruit comme la mer. Écoute !
Fausse aurore, encore nous auras-tu charmés ?

Il est temps pourtant de savoir ce que nous sommes,
Avant de nous rendormir encor.
Marchons tous deux où nous mènera la route
Dans le clair de lune, dehors. »

Je m'étais penché de nouveau sur le livre.
À cause de la lune on y voyait un peu ;
Et mes yeux extasiés essayaient de lire
Les signes inconnus qui s'éclairaient un peu.

> *Mais toi, tu t'écrias : « Assez*
> *De cette dogmatique abstraite !*
> *Oh ! de toujours lire, tu sais,*
> *J'en ai vraiment mal à la tête.*

Pourquoi donc attendre une aurore
Voilà assez longtemps que nous sommes enfermés.
Dehors, la nuit sanglote...
Nous n'allons pas nous mettre à lire encore ! »

. . . .

... Et nous avons posé nos fronts contre la vitre
Où la nuit sanglotait...

IV
ÉCLIPSE

Une nuit nous sommes sortis de notre chambre basse
Parce que nous sentions qu'il faisait très tiède dehors ;
Nous tenions chacun un faible flambeau entre nos mains lasses ;
Nous nous guidions en suivant cette lumière des yeux.

Mais dehors, le vent tiède a soufflé nos lumières,

Et nous avons erré dans l'obscurité.
Dehors il y avait de grandes branches d'arbre
Qui mouillaient nos fronts avec des gouttes de rosée.

Alors toi, t'arrêtant avec un bizarre geste
Tu t'es mise à parler comme si tu comprenais,
Comme si tu récitais des choses souvenues
Dans le délire des fièvres, — tu disais :

« La lune, ah ! la lune,
Ne montera pas bien haut ce soir.
Si cette lune t'importune,
Nous ferions mieux de nous asseoir.

La nuit pleure sur les étoiles
Filantes. Il faut dire : Amen !
Les étoiles s'en sont allées… »
Et je me demandais d'où tu savais ces choses.

V

Il a dû se passer quelque chose
Pendant que nous dormions et que nous n'avons pas
bien compris.
On s'ennuie à mourir ici !

7

Ah ! quand reviendront les métempsychoses ?

Nous avons dû nous tromper de route
Quelque part et les autres ne nous ont pas avertis.
Nous sommes sortis des saisons, écoute !
Et nous vivons, ma chère, des heures indues.

Nous sommes des petits enfants dans un bois —
Nous sommes des marins sous des ciels sans étoiles.
Nous sommes comme des hirondelles
Qui ont perdu le vol fuyant des sœurs.

Où sont donc allés tous les autres ?
Ils ont dû suivre quelque apôtre
Qui les aura guidés sans doute
À travers les tournants des routes.

Ils auront retrouvé les normales paroles
Qu'on nous avait dites un soir,
Mais que nos cervelles folles
Ont laissé négligemment choir.

VI

Je sais qu'une âme implique un geste

D'où vibre une sonorité
Qu'harmonieusement atteste
La très adéquate clarté.

Un paysage s'exagère
Au gré de ses intentions
Et une rythmique atmosphère
Unit cette âme à l'horizon.

Mais je ne sais pourquoi notre âme débile erre
Sous des ciels neufs et qu'elle n'a pas choisis
Et parmi des campagnes autoritaires
Où nous n'osons que des gestes soumis.

Alors, puisque nous n'avons plus de force
Et que le paysage est vainqueur…
Au moins je voudrais qu'il emporte
Des victoires selon nos cœurs.

Et je cherche un champ de soleil
Où tu doives me dire : « Je t'aime. » —
Mais seule la lune éclaire la plaine
Toujours d'une pâleur pareille.

VII
NOCTURNE

J'errais sur les lisières aventureuses
D'une triste forêt sans oiseaux ;
C'était l'heure où une contrainte peureuse
Fait dire malgré soi des mots.

Au bout de l'allée couverte
Une lune est apparue
Si plaintive et si verte
Que nous ne la reconnaissions plus.

Tu m'as dit avec un air d'ennui :
« Es-tu bien sûr que ce soit la même ?
Comme elle est malade aujourd'hui,
La pauvre lune, comme elle est blême ! »

Un vent tiède a soufflé dans les branches ;
Elles ont agité plaintivement leurs feuilles rousses,
Nous, nous regardions le long de la mousse
Gésir nos pauvres petites ombres pâles.

Je t'ai dit avec un air maussade :
« Elle est bien malade aujourd'hui,
La lune, elle est bien malade — »
En voilà assez pour aujourd'hui.

VIII

Nous sommes deux pauvres petites âmes
Que ne réchauffe plus le bonheur ;
Nous sommes deux pauvres âmes
Qui ne savons plus être heureuses.

Dans le ciel clair luit le soleil d'or
Pour tiédir nos âmes frileuses ;
Mais même dans sa douce chaleur
Elles se sentent grelottantes encor.

Nous savons bien qu'il faudrait sourire
Quand le ciel est tout bleu, tout or —
Mais nous avons perdu l'habitude
De cet épanouissement.

Autrefois ce soleil nous eût fait tièdes,
Autrefois nous eussions ri dans ce bonheur,
Mais nous ne savons plus aujourd'hui pourquoi
Les collines sont si joyeuses.

Tu m'as dit : « Écoute ! je crois
Nos âmes très mystérieuses ;
Peut-être qu'elles sont heureuses
Et que nous ne le savons pas. »

IX

Autrefois nous avions de jolis sourires
Autrefois nos âmes se donnaient la main,
Elles se saluaient comme des étrangères,
Nous marchions à pas rythmés dans les chemins.

Quand midi venait on se promenait dans les avenues
Solennelles et symétriques et belles sans fin.
Quand la nuit venait, nos âmes tièdes se baignaient
nues
Dans des bassins d'ombre, dans des bassins bleus,
dans de clairs bassins.

Au matin nos âmes se voyaient nouvelles,
Comme si c'était la première fois ;
Elles s'embrassaient, fortes et fraternelles
Comme pour la première fois.

Nos âmes ! ah ! qu'elles étaient printanières !
Notre âme, qui se croyait double encore !
Mon âme double qui ne m'était pas coutumière
Et qui courait le long de son reflet, encore.

Je croyais d'abord que c'en était une autre
Mais nous ne nous sommes que trop bien compris.

Ah ! que ne puis-je être celui,
Celui qui put vendre son ombre.

X

Un matin pourtant un rayon de soleil oblique est entré par la fenêtre de notre chambre,

Si joyeux que notre âme qui dormait encore s'est mise vite sur son séant.

Et soudain elle s'est sentie très jeune, et si heureuse soudain.

Qu'elle doutait si c'était une joie nouvelle, ou bien le souvenir d'un bonheur d'autrefois.

Et comme nos âmes ne se reconnaissaient pas d'abord, elles se sont saluées ce matin.

Elles se sont saluées comme si elles se retrouvaient après une longue absence…

Comme s'il était possible qu'elles eussent été une fois séparées.

XI

Un matin pourtant elle est venue
L'aube que nous attendions.
Tu m'as dit : « La nuit diminue ;
Le jour naît. Veillons et prions. »

Nous étions assis devant la fenêtre,
Pâles à cause du vent du matin
Et nous nous tenions par la main
Pour voir le soleil apparaître.

Un grand soleil a paru sur la plaine
Rouge à cause des brouillards du matin.
Tu m'as dit : « C'est l'heure de se mettre en route. »
Nous sommes descendus alors vers la plaine.

XII

L'AVENUE

Une rythmique allée haute et découverte
De troncs alignés symétriquement,
Ifs et tilleuls aux feuilles rousses et vertes
Se prolonge sous le crépuscule indéfiniment.

Comment j'y fus mené, — par quel sortilège ?

Je ne sais, — et je ne pourrais dire vraiment
Quel rythme mauvais était dans cette allée de rêves,
Où ma pauvre âme s'égarait solitairement.

Une branche déplacée, ou bien un peu de lumière
D'une lune qui se soulevait me fit te voir.
L'étonnement de te voir là me fit me taire ;
Mais tu semblais ne pas savoir que nous étions là.

Ta robe blanche apparue entre les branches
D'un arbre y jetait comme une blanche clarté —
Puis l'allée continuait aussi logique,
Comme si tu ne t'y étais pas arrêtée.

Tes mains s'ouvrirent dans un geste fatidique
Les paumes offertes à la lune qui luit ;
Pendant que de ses vocalises mécaniques
Un rossignol faisait des trous dans la nuit.

XIII

Sous la calme brûlure des lèvres,
Une fièvre lente a germé :
Nous sommes descendus dans l'eau froide
qui filtrait du triste glacier.

Dans les plis de ta tunique déchirée
Transparaissait une écarlate blessure ;
Nous sommes entrés dans l'eau pure,
Sous le clair de lune azurée.

Le sang qui colorait les tuniques
Dans l'eau mystique a ruisselé,
Et les tuniques, brume nocturne évaporée,
Au fil de l'eau froide s'en sont allées.

Nos pauvres âmes maladives et dévêtues
Ont eu honte de se sentir tièdes ainsi ;
Elles se sont couchées dans l'eau, nues
Sans oser voir leurs cicatrices.

L'eau vive a cicatrisé les blessures ;
La brûlure des fièvres a disparu.
Nous sommes entrés dans l'eau pure,
Dans l'hémostatique eau fripée.

XIV
SOLSTICE

Un chant de cor a retenti dans l'air sonore.

Nous avons compris qu'il ne fallait plus bouger ;
Le cor s'est tu, mais la vibration monte encore
Vers l'horizon cuivré.

Les halliers d'or se sont inclinés vers les pailles.
Les champs étaient par meules jaunes rangés ;
Un soleil mort luisait au fond du paysage
Et des forêts hautes s'étaient dressées…

Il y avait sur les lisières des hêtraies
Des corneilles qui ne voulaient pas s'endormir,
Et on voyait entre les branches enchevêtrées
Des cerfs passants qui s'étaient arrêtés.

Pourquoi ce cor a-t-il vibré dans le silence ?
Quelle heure est-il que ce soleil ne dorme pas ?
Les corneilles sur les halliers que le soir balance,
Ces corneilles ne se tairont donc pas ?…

Des pleurs encore ! ah ! ça devient trop monotone.
Nous aurions dû rester à la maison ce soir.
Ah ! voici déjà les feuilles mortes de l'automne
Qui tourbillonnent dans le vent du soir…

XV
LE PARC

Quand nous avons vu que la petite porte était fermée

Nous sommes restés longtemps à pleurer ;

Quand nous avons compris que ça ne servait pas à
  grand'chose,

Nous avons repris lentement le chemin.

Tout le jour, nous avons longé le mur du jardin,

D'où parfois nous venaient des bruits de voix et de rires ;

Nous pensions qu'il y avait peut-être des fêtes sur l'herbe,

Et cette idée-là nous faisait mélancoliques.

Le soleil vers le soir a rougi les murs du parc ;

Nous ne savions pas ce qui s'y passait, car on ne voyait

Rien que des branches qui, par-dessus le mur, s'agitaient

Et qui laissaient de temps en temps tomber des feuilles.

XVI
MONTAGNES

Il est des eaux, receleuses de lumières,
Qui luisent dans l'obscurité.

Montagnes ! Montagnes que nous avons gravies

Péniblement, par votre versant d'ombre,
Pour voir, et que nous avons redescendues,
Le soir, par votre versant sombre.

Montagnes ! de vos cimes l'on voyait d'autres
montagnes,
Lointaines et baignant dans une lumière d'azur,
Des plaines blondes et des campagnes illuminées
Où nous n'irions pas ; tout un pays pâle et pur.

Nos yeux extasiés s'abreuveront de vos lumières
Célestes, plaines blondes où nous ne cheminerons
pas ! —
Avant de redescendre vers la terre de prières,
Vers notre terre de larmes, où soufflent les
bourrasques.

XVII
POLDERS

Un petit mouton se promène
Dans une lamentable plaine.

Un ciel gris ; de ma vase verte,
Et de l'herbe vert-de-grisée ;

Des brebis, qui paissent, désertes,
Sur les flots de l'eau irisée.

Un soleil qui se décolore
Au ras de l'horizon flétri,
Et notre tristesse s'éplore
En des lignes qu'elle n'a pas apprises.

L'eau somnolente qui s'égoutte,
S'écoute couler. Un mouton
Qui sans lever la tête broute
Entre les bancs de vase verte…

XVIII
LANDE DOUBLE

Ton âme aimera son reflet dans les glaces ;
Elle croira qu'elle voit quelqu'un d'autre.

Cette lande de bruyère rose
Où nous étions venus nous asseoir, —
Cette lande se métamorphose
Sous les obliques rayons du soir ;

On dirait que c'est un miroir

Où fleurissent des nuages roses —
Une calme plaine de cristal
Où paissent nos âmes sentimentales.

Le ciel que le couchant teinte de rose,
On dirait une lande de bruyère ; —
C'est comme une plaine reflétée,
Où broute mon âme dépareillée.

XIX
PROMONTOIRE

Nous avons erré jusqu'au soir vers la mer —
Falaises ! d'où l'on croit qu'on va voir autre chose…
Quand le soleil s'est couché dans la lande rose,
Nous nous sommes perdus sur le bord de la mer.

Une grève mouvante et qui s'en est allée
À la mer grise et de crépuscule mêlée
Et qu'on n'entendait pas…
Nos pieds nus se sont enfoncés dans la vase.

Ô tache sur la peau délicate ! — un peu d'eau claire
Où tremper ses pieds nus dans le flot de la mer —
Vague, et déjà la nuit s'y serait bien passée

Mais voici que s'écoule entre tes doigts ouverts
Cette eau de crépuscule où tu fusses lavée.

L'eau tiède faisait un clapotement triste
Le long de la grève solitaire.

XX

La plaine monotone encore, marécageuse et sans chemins ; elle se prolonge entre des collines. Des joncs et des broussailles : errer jusqu'à ce que le crépuscule se close…

Des cloches tout à coup sonnèrent. Lumières qu'on voit courir sur la colline, — vers des chants d'orgue, au loin, dans l'église illuminée.

Alors tu m'as dit : « Il faut nous hâter ». Mais nos lampes trop légères s'étaient éteintes, et nous avons marché dans l'obscurité. Nos pieds lassés s'accrochaient dans les broussailles.

… Pour arriver devant une porte fermée — de l'église énorme. Et ne pas être vus, puisque nos lampes sont éteintes.

Sur les marches, pleurant, nous écoutons la musique des orgues jaillir sous la porte, et des voix ; les lumières des vitraux s'écoulent dans la nuit.

Peut-être que tout cela c'est un rêve
Et que nous nous réveillerons.

Tu m'as dit :
« Je crois que nous vivons dans le rêve d'un autre
Et que c'est pour cela que nous sommes si soumis. »
Ça ne peut pas durer toujours comme ça.

« Je crois que ce que nous aurions de mieux à faire
Ce serait de tâcher de nous rendormir. »